Il mio libro illustrato bilingue
كتابي المصور ثنائي اللغة

Le più belle storie per bambini di Sefa in un unico volume

Ulrich Renz • Barbara Brinkmann:

Dormi bene, piccolo lupo · نَمْ جيداً، أيُها الذئبُ الصغيرْ

Per bambini dai 2 anni in su

Cornelia Haas • Ulrich Renz:

Il mio più bel sogno · أَسْعَدُ أَحْلَامِي

Per bambini dai 2 anni in su

Ulrich Renz • Marc Robitzky:

I cigni selvatici · البجع البري

Tratto da una fiaba di Hans Christian Andersen

Per bambini dai 5 anni in su

© 2024 by Sefa Verlag Kirsten Bödeker, Lübeck, Germany. www.sefa-verlag.de

Special thanks to Paul Bödeker, Freiburg, Germany

All rights reserved.

ISBN: 9783756304936

Leggere · ascoltare · capire

Dormi bene, piccolo lupo
نَمْ جيداً، أيُها الذئبُ الصغيرْ

Ulrich Renz / Barbara Brinkmann

+ audio online   + video online

italiano   bilingue   arabo

Traduzione:

Margherita Haase (italiano)

Abdelaaziz Boussayer (arabo)

Audiolibro e video:

www.sefa-bilingual.com/bonus

Accesso gratuito con la password:

`italiano:` **LWIT1829**

`arabo:` **LWAR1027**

Buona notte, Tim! Domani continuiamo a cercare.
Adesso però dormi bene!

ليلة سعيدة يا تيم!
غداً سَنُتابعُ البحث. أما الآن فنمْ جيدا!

Fuori è già buio.

لقد حلَّ الظلام.

Ma cosa fa Tim?

ماذا يَفعلُ تيم هُناك؟

Va al parco giochi.

Che cosa sta cercando?

إنه خارِجٌ إلى الملعب.

عَنْ ماذا يبحَثُ هُناك؟

Il piccolo lupo.

Senza di lui non riesce a dormire.

عَنْ الذئب الصغير!
لأنه لا يستطيع النومَ بدونه.

Ma chi sta arrivando?

مَنْ القَادِم؟

Marie! Lei sta cercando la sua palla.

إنها ماري! تبحث عن كُرَتِها.

E Tobi cosa cerca?

و عَنْ ماذا يَبحَثُ طوبي؟

La sua ruspa.

عن حَفَّارَتِهِ.

E cosa cerca Nala?

و عَنْ ماذا تَبحَثُ نالا؟

La sua bambola.

عن دُميتِها.

Ma i bambini non devono andare a letto?
Il gatto si meraviglia.

ألم يَحِنْ وقت نَومِ الأطفال؟
تَتَساءَلُ القطة بعجب.

E adesso chi sta arrivando?

مَن القَادِم الآن؟

La mamma e il papà di Tim.

Senza il loro Tim non riescono a dormire.

أمُ تيم و أبوه!

فهم لا يَستَطِيعونَ النَّومَ بدونِ ابنِهما تيم.

Ed ecco che arrivano anche altri!
Il papà di Marie. Il nonno di Tobi. E la mamma di Nala.

و هنالك المزيدُ قادمون!
أبُو ماري. جدُّ طوبي. و أمُ نالا.

Ma adesso svelti a letto!

الآن أسرِعوا إلى النوم!

Buona notte, Tim!

Domani non dobbiamo più cercare.

ليلة سعيدة يا تيم!

غداً لن يكونَ علينا البحثُ مجدداً.

Dormi bene, piccolo lupo!

نَمْ جيداً، أيُها الذئبُ الصغيرْ!

Cornelia Haas • Ulrich Renz

Il mio più bel sogno

Traduzione:

Clara Galeati (italiano)

Oumaima Naffouti (arabo)

Audiolibro e video:

www.sefa-bilingual.com/bonus

Accesso gratuito con la password:

italiano: **BDIT1829**

arabo: **BDAR1027**

Il mio
più bel sogno

أَسْعَدُ أَحْلَامِي

Cornelia Haas · Ulrich Renz

italiano · bilingue · arabo

Lulù non riesce ad addormentarsi. Tutti gli altri stanno già sognando – lo squalo, l'elefante, il topolino, il drago, il canguro, il cavaliere, la scimmia, il pilota. E il leoncino. Anche all'orso stanno crollando gli occhi …

Ehi orso, mi porti con te nel tuo sogno?

لُولُو لَا تَسْتَطِيعُ النَّوْمَ، الآخَرُونَ فِي سُبَاتٍ عَمِيقٍ يَحْلُمُونَ؛ الْقِرْشُ، اَلْفِيلُ، الْفَأْرَةُ الصَّغِيرَةُ، التِّنِّينُ، الْكُنْغُرُ، الْفَارِسُ، اَلْقِرْدُ، الطَّيَّارُ وَاَلْشِبْلُ. حَتَّى الدُّبُّ الصَّغِيرُ يَفْتَحُ أَعْيُنَهُ بِصُعُوبَةٍ أَيُّهَا الدُّبُّ الصَّغِيرُ!

هَلْ تَأْخُذُنِي مَعَكَ فِي حُلْمِكَ؟

E così Lulù è già nel paese dei sogni degli orsi. L'orso cattura pesci nel lago Tagayumi. E Lulù si chiede chi potrebbe mai vivere là su quegli alberi? Quando il sogno è finito, Lulù vuole provare qualcos'altro. Vieni, andiamo a trovare lo squalo! Che cosa starà sognando?

وَفِي الْحَالِ هَاهِي لُولُو فِي بَلَدِ أَحْلَامِ الدِّبَبَةِ. كَانَ الدُّبُّ الصَّغِيرُ يَصْطَادُ الأَسْمَاكَ فِي بُحَيْرَةِ تَاغَايُومِي وَلُولُو تَتَسَاءَلُ مَنْ يُمْكِنُهُ الْعَيْشَ فَوْقَ الأَشْجَارِ.

عِنْدَمَا انْتَهَى الْحِلْمُ، لُولُو تُرِيدُ مُغَامَرَةً أُخْرَى. تَعَالَ مَعِي لِرُؤْيَةِ الْقِرْشِ، بِمَاذَا هُوَ حَالِمٌ؟

Lo squalo sta giocando ad acchiapparella con i pesci. Finalmente ha degli amici! Nessuno ha paura dei suoi denti aguzzi.
Quando il sogno è finito, Lulù vuole provare qualcos'altro. Venite, andiamo a trovare l'elefante! Che cosa starà sognando?

القِرْشُ يَلْعَبُ لِعْبَةَ المُطارَدَةِ مَعَ الأسْماكِ. أخيراً أصْبَحَ لَهُ أصْدِقاءُ! لَا أحَدَ يَخافُ أسْنانَهُ المُذَبَّبَةَ.

عِنْدَمَا انْتَهَى الحِلْمُ، لُولُو مَازَالَتْ تُرِيدُ مُغامَرَةً أخْرَى. تَعالَيا مَعِي لِرُؤْيَةِ الفِيلِ بِمَاذَا هُوَ حالِمٌ؟

L'elefante è leggero come una piuma e può volare! Sta per atterrare sul prato celeste.

Quando il sogno è finito, Lulù vuole provare qualcos'altro. Venite, andiamo a trovare il topolino! Che cosa starà sognando?

اَلْفِيلُ خَفِيفٌ مِثْلِ الرَيْشَةِ وَيَسْتَطِيعُ الطَّيَرَانَ. وهُوَ عَلى وَشَكِ أَنْ يَحُطَّ في الْمَرْجِ السَّمَوِيِّ. عِنْدَمَا انْتَهَى الْحِلْمُ، لُولُو مَازَالَتْ تُرِيدُ مُغَامَرَةً أُخْرَى. تَعالَوْا مَعِي لِرُؤْيَةِ الْفَأْرَةِ الصَّغِيرَةِ بِمَاذَا هِيَ حَالِمَةٌ؟

Il topolino sta guardando la fiera. Gli piacciono particolarmente le montagne russe.
Quando il sogno è finito, Lulù vuole provare qualcos'altro. Venite, andiamo a trovare il drago! Che cosa starà sognando?

الفَأرَةُ الصَّغيرَةُ تَزورُ مَدينَةَ المَلاهي. أَعْجَبَتْها لُعْبَةُ الأُفْعَوانَةِ كَثيراً.
عِنْدَما انْتَهَى الحِلْمُ، لولو تُريدُ مُغامَرَةً جَديدَةً. تَعالَوْا مَعي لِرُؤْيَةِ التِّنِّينِ بِماذا هوَ حالِمٌ؟

Il drago, a furia di sputare fuoco, ha sete. Gli piacerebbe bersi l'intero lago di limonata.

Quando il sogno è finito, Lulù vuole provare qualcos'altro. Venite, andiamo a trovare il canguro! Che cosa starà sognando?

التِّنِّينُ عَطْشانُ لِأَنَّهُ يَنْفُثُ النَّارَ مِنْ فَمِهِ. يَتَمَنَّى شُرْبَ بُحَيْرَةِ عَصِيرِ اللَّيْمُونِ كامِلَةً. عِنْدَما انْتَهَى الحِلْمُ، لُولُو مازالَتْ تُرِيدُ مُغامَرَةً أُخْرَى. تَعالَوْا مَعِي نَزورُ الْكَنْغَرَ بِماذا هوَ حالِمٌ؟

Il canguro sta saltando nella fabbrica di dolciumi e si riempe il marsupio.
Ancora caramelle blu! E ancora lecca-lecca! E cioccolata!
Quando il sogno è finito, Lulù vuole provare qualcos'altro. Venite, andiamo a trovare il cavaliere! Che cosa starà sognando?

الْكُنْغَرُ يَقْفِزُ فِي مَصْنَعِ الْحَلْوَى وَيَمْلَأُ جَيْبَهُ مَزِيدًا مِنْ هَذِهِ الْحَلْوَى الزَّرْقاءِ! مَزِيدًا مِنْ الْمَصَاصَاتِ! وَالشُّكَلَاطَةَ!

عِنْدَمَا انْتَهَى الْحِلْمُ، لُولُو مَازَالَتْ تُرِيدُ مُغَامَرَةً أُخْرَى. تَعالَوْا مَعِي لِرُؤْيَةِ الفارِسِ بِمَاذَا هُوَ حالِمٌ؟

Il cavaliere sta facendo una battaglia di torte con la principessa dei suoi sogni. Oh! La torta alla panna va nella direzione sbagliata!
Quando il sogno è finito, Lulù vuole provare qualcos'altro. Venite, andiamo a trovare la scimmia! Che cosa starà sognando?

الفارِسُ يَخوضُ مَعْرَكَةَ المُرَطِّباتِ مَعَ أَميرَةِ أَحْلامِهِ. يَا لِلْهُولِ! قِطْعَةُ المُرَطِّباتِ أَخْطَأَتِ الهَدَفَ!

عِنْدَمَا انْتَهَى الحِلْمُ، لُولُو مَازَالَتْ تُريدُ مُغامَرَةً أُخْرَى. تَعالَوْا مَعي لِرُؤْيَةِ القِرْدِ بِماذا هوَ حالِمٌ؟

Finalmente ha nevicato in Scimmialandia! L'intera combriccola di scimmie non sta più nella pelle e si comportano tutte come in una gabbia di matti. Quando il sogno è finito, Lulù vuole provare qualcos'altro. Venite, andiamo a trovare il pilota! In che sogno potrebbe essere atterrato?

تَساقَطَ الثَّلجُ أَخِيرًا فِي أَرْضِ القِرَدَةِ. فِرْقَةُ القِرَدَةِ خَرَجَتْ مِنْ دِيارِهَا يَشْعُرُونَ بِالنَّشْوَةِ وَ يَتَصَرَّفُونَ مِثْلَ المَجانِينِ، تُغَنِّي وَتَرْقُصُ وَتَقُومُ بِحَماقاتٍ.

عِنْدَمَا انْتَهَى الحُلْمُ، لُولُو مَازالَتْ تُرِيدُ مُغامَرَةً أُخْرَى. تَعالَوْا مَعِي لِرُؤْيَةِ الطَّيَّارِ أَيْنَ رَسَى حُلْمَهُ؟

Il pilota vola e vola ancora. Fino ai confini della terra e ancora più lontano, fino alle stelle. Non ce l'ha fatta nessun altro pilota.
Quando il sogno è finito, sono già tutti molto stanchi e non vogliono più continuare a provare così tanto. Però il leoncino, vogliono ancora andare a trovarlo. Che cosa starà sognando?

الطَّيَّارُ يَطِيرُ وَيَطِيرُ حَتَّى نِهايَةِ العالَمِ وَأَكْثَرَ، حَتَّى النُّجومِ. لَمْ يَفْعَلْها حَتَّى طَيَّارٌ مِنْ قَبْلِهِ. عِنْدَمَا انْتَهَى الحِلْمُ، كَانَ الكُلُّ مُتْعَبًا وَلَا يَرْغَبُونَ فِي مُغامَراتٍ جَديدَةٍ لَكِنَّهُمْ يُرِيدُونَ زِيارَةَ الشِّبْلِ بِمَاذَا هوَ حالِمٌ يَا تَرَى؟

Il leoncino ha nostalgia di casa e vuole tornare nel caldo, accogliente letto.
E gli altri pure.

E là inizia …

اَلْشِبْلُ يَشْتَاقُ إِلَى دِيارِهِ وَيُرِيدُ الرُّجوعَ لِفِراشِهِ الدَّافِئِ الحَنونِ.

والْآخَرونَ أَيْضًا.

وَهُنَا يَبْدَأُ...

... il più bel sogno
di Lulù.

... أَسْعَدُ أَحْلامِ لُولُو.

Ulrich Renz • Marc Robitzky

I cigni selvatici
البجع البري

Traduzione:

Emanuele Cattani, Clara Galeati (italiano)

Inana Othman, Seraa Haider (arabo)

Audiolibro e video:

www.sefa-bilingual.com/bonus

Accesso gratuito con la password:

italiano: **WSIT1829**

arabo: **WSAR1027**

Ulrich Renz · Marc Robitzky

I cigni selvatici
البجع البري

Tratto da una fiaba di

Hans Christian Andersen

italiano — bilingue — arabo

C'erano una volta dodici figli di un re – undici fratelli ed una sorella più grande, Elisa. Vivevano felici in un bellissimo castello.

كان ياما كان في سالف العصر والأوان، كان يوجد ملك لديه اثنى عشر إبناً وإبنة – أحد عشر أميراً وأختهم الكبرى، إليزا. كانوا يعيشون بسعادة في قصر جميل.

Un giorno la madre morì, e poco tempo dopo il re si risposò. La nuova moglie però era una strega cattiva. Con un incantesimo, trasformò gli undici principi in cigni e li mandò molto lontano, in un Paese al di là della grande foresta.

في يوم من الأيام ماتت الأم، وبعد مدة من الزمن تزوج الملك ثانيةً. الزوجة الجديدة للملك كانت ساحرة شريرة؛ فقد سحرت الأمراء الإثني عشر وحوّلتهم إلى بجع وأبعدتهم إلى بلاد نائية، محاطة بالغابات من كل جوانبها.

Vestì la ragazza di stracci e le spalmò sul volto un orribile unguento, tanto che nemmeno il padre riuscì più a riconoscerla e la cacciò dal castello. Elisa corse nella foresta tenebrosa.

أما الأميرة، فقد ألبستَها الملكة الساحرة رداءً رثًّا ولطَّخت وجهها بصباغ قبيح، حتى أنَ أباها الملك لم يعد بمقدوره التعرف عليها، فقام بطردها من القصر. إليزا هربت راكضةً إلى الغابة المظلمة.

Ora era completamente sola, e desiderava con tutto il cuore rivedere i suoi fratelli scomparsi. Quando venne la sera, si fece un letto di muschio sotto un albero.

أصبحت الأميرة، الآن، وحيدة تماماً وتشعر بشوق شديد من أعماق قلبها الى إخوتها المفقودين. وحين حلَ الليل صنعت الأميرة لنفسها سريراً من الأعشاب والأشنة تحت الاشجار.

La mattina dopo giunse ad un lago calmo, e rimase sconcertata nel vedere il proprio riflesso nell'acqua. Ma appena si pulì, divenne la più bella principessa sulla faccia della terra.

في صباح اليوم التالي واصلت الأميرة سيرها ووصلت إلى بحيرة هادئة، إلى أن ارتعبت حين رأت إنعكاس وجهها على سطح ماء البحيرة، فقامت بغسل وجهها، وعادت مرة اخرى أجمل أميرة تحت الشمس.

Molti giorni dopo, Elisa raggiunse il grande mare. Tra le onde, oscillavano undici piume di cigno.

بمرور الأيام وصلت الأميرة إلى البحر الكبير، حيث كانت إحدى عشرة ريشة من ريش البجع تتأرجح على الأمواج.

Quando il sole tramontò, ci fu un fruscio nell'aria, e undici cigni si posarono sull'acqua. Elisa riconobbe immediatamente i propri fratelli stregati. Ma dato che parlavano la lingua dei cigni, lei non li poté capire.

أثناء غروب الشمس تناهت أصوات في الأجواء، وعلى أثرها هبط أحد عشر بجعاً برياً على الماء. على الفور أدركت إليزا أنهم أشقاؤها الأحد عشر. ولأنهم يتحدثون فقط لغة البجع، لم تستطع أن تفهم كلامهم.

Durante il giorno i cigni volavano via, e la notte si accoccolavano tutti assieme alla sorella in una grotta.

Una notte, Elisa fece uno strano sogno. Sua madre le disse come avrebbe potuto liberare i suoi fratelli. Avrebbe dovuto tessere delle camicie di ortiche per ognuno di loro e poi lanciargliele. Fino a quel momento però, non le era concesso dire una sola parola, altrimenti i suoi fratelli sarebbero morti. Elisa si mise immediatamente al lavoro. Sebbene le mani le bruciassero, continuò a tessere senza stancarsi.

أثناء النهار كان البجع يطير بعيداً، وليلاً يحتضن الأخوة بعضهم بعضاً في الكهف.

في إحدى الليالي حلمت إليزا حلماً غريباً: رأت أمها تخبرها فيه، كيف تفكَّ السحر عن إخوتها، حيث يجب عليها أن تحيك قميصاً صغيراً من نبات القرّاص لكل بجعة، وأن تلق به عليها. لكن لا يتوجب عليها أن تنطق بكلمة واحدة، إلى أن تنهي المهمة؛ وإلَا فسيموت إخوتها.
على الفور بدأت إليزا بالعمل وعلى الرغم من لسعات نبات القرّاص الحارقة ليديها إلَّا أنها واظبت على الحياكة دون كلٍل أو ملل.

Un giorno, si sentirono corni da caccia in lontananza. Un principe venne cavalcando con il suo seguito e presto le fu di fronte. Non appena i due si guardarono negli occhi, si innamorarono.

في أحد الأيام تناهت أصوات أبواق الصيد من البعيد إلى مسامعها. ظهر أمير بصحبة حاشيته، وعلى الفور أسرع الأمير إلى المثول أمامها. وبمجرد رؤيتهما لبعضهما وقعا في الحب.

Il principe fece salire Elisa sul cavallo e la condusse al proprio castello.

قام الأمير بوضع إليزا على حصانه وتوجه بها إلى قصره.

Il potente tesoriere fu tutto fuorché felice dell'arrivo della principessa muta. La propria figlia sarebbe dovuta diventare la sposa del principe.

وزير الخزانة القوي فور أن رأى البكماء الجميلة أصبح أبعد مايكون عن السعادة. إبنته كانت العروس المرتقبة للأمير.

Elisa non si era dimenticata dei suoi fratelli. Ogni sera continuava il suo lavoro sulle camicie. Una notte uscì per andare al cimitero a cogliere delle ortiche fresche. Il tesoriere la osservò di nascosto.

إليزا لم تنس إخوتها. مساء كل يوم كانت تقوم بمواصلة حياكة القمصان. في إحدى الليالي ذهبت إلى المقبرة لجلب بعض نبات القرّاص الطري وكان وزير الخزانة يراقبها سراً.

Non appena il principe partì per una battuta di caccia, il tesoriere gettò Elisa nelle segrete. Affermò che fosse una strega che si incontrava con altre streghe durante la notte.

وحين كان الأمير في إحدى رحلات الصّيد، رمى وزير الخزانة إليزا في السجن. حيث ادّعى بأ نها ساحرة شريرة تلتقي ليلاً بساحرات أخريات.

All'alba, Elisa venne presa da delle guardie, per venir poi bruciata nella piazza del mercato.

وفي مطلع الفجر أقتيدت إليزا من قبل الحراس كي يتم إحراقها في ساحة المدينة.

Non appena fu lì, arrivarono undici cigni bianchi volando. Elisa lanciò rapidamente una camicia a ciascuno di loro. Poco dopo, tutti i suoi fratelli si trovarono dinanzi a lei con sembianze umane. Solo il più piccolo, la cui camicia non era stata del tutto completata, mantenne un'ala al posto di un braccio.

وبمجرد أن وصلت إليزا هناك، حتى حامت فجأة إحدى عشرة بجعة بريّة بيضاء. وبسرعة رمت إليزا على كل واحدة منها قميصاً معمولاً من نبات القرّاص. وعلى الفور وقف إخوتها أمامها على هيأتهم البشرية. فقط الأخ الأصغر، لم يكن قميصه قد أكتمل تماماً، فبقيت إحدى ذراعيه جناحاً.

I fratelli si stavano ancora baciando e abbracciando quando arrivò il principe. Finalmente Elisa gli poté spiegare tutto. Il principe fece rinchiudere il tesoriere malvagio nelle segrete. Dopodiché, si celebrò il matrimonio per sette giorni.

E vissero tutti felici e contenti.

تواصلت القبلات والأشواق بين الإخوة حتى بعد عودة الأمير. وأخيراً استطاعت إليزا أن تسرد للأمير كل حكايتها. ألقي الأمير الوزير الشرير في السجن، واستمرت الأفراح والليالي الملاح طوال سبعة أيام.

ولو لم يكن الموت قدراً محتوماً لكانوا عاشوا إلى يومنا هذا.

Hans Christian Andersen

Hans Christian Andersen nacque nella città danese di Odense nel 1805 e morì nel 1875 a Copenaghen. Divenne famoso in tutto il mondo con le sue fiabe letterarie come „La Sirenetta", „I vestiti nuovi dell'imperatore" e „Il brutto anatroccolo". Il racconto in questione, „I cigni selvatici", fu pubblicato per la prima volta nel 1838. È stato tradotto in più di cento lingue e adattato a una vasta gamma di media, tra cui il teatro, il cinema e il musical.

Barbara Brinkmann è nata a Monaco di Baviera (Germania) nel 1969. Ha studiato architettura a Monaco e attualmente lavora alla facoltà di architettura dell'Università Tecnica di Monaco. Lavora anche come grafica, illustratrice e autrice.

Cornelia Haas è nata nel 1972 vicino ad Augusta (Germania). Ha studiato design all'Università di Scienze Applicate di Münster e si è laureata in design. Dal 2001 illustra libri per bambini e ragazzi e dal 2013 insegna pittura acrilica e digitale all'Università di Scienze Applicate di Münster.

Marc Robitzky, nato nel 1973, ha studiato alla Scuola Tecnica d'Arte di Amburgo e all'Accademia di Arti Visive di Francoforte. Lavora come illustratore freelance e designer della comunicazione ad Aschaffenburg (Germania).

Ulrich Renz è nato a Stoccarda nel 1960. Dopo aver studiato letteratura francese a Parigi, ha completato gli studi di medicina a Lubecca e ha lavorato come direttore in una casa editrice scientifica. Oggi Renz è un autore indipendente e scrive libri per bambini e ragazzi oltre a libri di saggistica.

Ti piace disegnare?

Qui puoi trovare tutte le immagini della storia da colorare:

www.sefa-bilingual.com/coloring